내가 주었지만
　　가져 올 수 없는 것

김정숙 시집

내가 주었지만
　　　가져 올 수 없는 것

문경출판사

시인의 말

어느 누구도
눈길 한번 주지 않아도
있는 곳
그곳에서
홀로 피었다
홀로 지는 들꽃처럼

막힘없이
어디든 갈수 있는
바람처럼

나를 찾아
나답게……

사랑도
미움도
그리움도
설레임도
그리고
아픔도
모두 내것인 것을……

살아 숨쉬는 동안은
글 쓰는 행복으로
살고 싶은 작은 소망이다

2023년 6월
김 정숙

차례

■ **시인의 말** · 9

제1부 그리운 시절

17 · 그리움
18 · 빈 그릇
19 · 민들레꽃
20 · 어느 봄날
22 · 5월 장미
23 · 가을엔
24 · 사랑은 구름같은 것
25 · 가을밤
26 · 내 마음
28 · 얼굴
29 · 친구
30 · 강 건너 불빛
31 · 겨울비
32 · 미련
34 · 맨발
35 · 어느 가을
36 · 꽃

37 · 낮에 나온 반달
38 · 그대

제2부　흐르는 세월

41 · 들꽃
42 · 가을 이슬
43 · 바람에게
44 · 갈대
45 · 빈 가슴
46 · 동생을 보내며
48 · 바람
49 · 흐르는 세월
50 · 이별
51 · 망각
52 · 언덕에서
53 · 혼자만의 그리움
54 · 인생
55 · 저녁노을
56 · 사는 것
58 · 오월에 내리는 비

59 · 청춘
60 · 거미줄
61 · 소나기
62 · 가을엽서

제3부 바다의 말 파도의 말

65 · 윤슬
66 · 그대바다
67 · 파도의 말
68 · 오동도
70 · 파도 위에 쓴 글
71 · 회색 바다에서
72 · 바다에 비가 내린 날
73 · 내 바다
74 · 동백꽃 사랑
76 · 고향바다
77 · 검은 모래사장
78 · 고향바다 까치놀
80 · 섶섬에서
82 · 내 고향

제4부 홀로 외로움

85 · 사랑
86 · 짝사랑
87 · 들장미 사랑
88 · 혼자만의 사랑
89 · 소나기
90 · 만남과 이별
92 · 잠 못 드는 밤
93 · 어떤 그리움
94 · 그리움이 그리움에게
95 · 그리움
96 · 연잎 사랑
98 · 새벽안개
99 · 소금
100 · 새벽 비

제5부 사랑이라는 이름 그대

103 · 어머니 꽃
104 · 문풍지
105 · 두루마기

106 · 세월 가는 줄 몰랐네
107 · 꽃신
108 · 정오의 데이트
110 · 러브레터
111 · 고백
112 · 바보같은 사랑
114 · 등대교회

■ **맺는 말** · 116

제1부

그리운 시절

그리움

나는
그대가 그리워도
그립다
말하지 못합니다

왈칵 쏟아지는
눈물을
주체할 수 없어요

먹먹해지는 가슴
가눌 길 없어요

그러나
그립습니다
그대

빈 그릇

무얼 담을까
내 앞의 빈 그릇 두 개
하나는 그대 것
하나는 내 것
그대의 빈 그릇은 그리움
내 빈 그릇은 외로움
외로움은 그리움
내 빈 그릇에
외로움 가득 담아
그리운 그대에게
그리움으로 보낸다
그리움과 외로움이
빈 그릇에 가득 담겨
그대 모습이
눈앞을 스친다

민들레꽃

돌 틈에
담장 밑에
아스팔트 틈 사이에
어디든지 상관없이
누가보든 상관없이
누구든
어디든
그저 나도 꽃이야
피어 있는 너
노란 네 꽃잎이
고맙고
사랑스럽다

어느 봄날
－여고시절

어느 봄날
연분홍 벚꽃잎 속
지난 여고시절로 여행을 떠난다
사방이 벚꽃나무로 둘러 있었지
내 여고 교정
벚꽃나무 아래 벤치에 앉아
아름답고 순수한 꿈을 꾸었지
너와 나의 미래를

그리운 여고동창 친구야
바람이 불면 흩날리는 꽃잎

그 꽃잎마다에
너와 나의 우정이
그리고 희망이
그리고 사랑이
그리고 미래가

꽃잎 흩어지던 날
봄은 그렇게 가고
세월 지나

우리는 제 갈길로 흩어지고

지금
이렇게 세월이 흘러

그때를
그 시절을
벚꽃잎 속으로 여행을

5월 장미

5월의 바람이
나를 오라 손짓하네
5월의 햇살이 살며시
나를 부르네

바람결이
따스한 햇살이
5월이 나를
부르고 손짓하네

바람 따라
햇살 따라
피어나는

나는 5월 장미

가을엔

가을에는
아주 진한 커피를
마시고 싶다

가을에는
갈색 나뭇잎색 같은
아주 진한 커피를
마시고 싶다

가을에는
그리움을 남기지 말고
진한 커피에 타서
마시고 싶다

가을에는
아직 남은
내 마지막 사랑을
진한 커피와 함께하고 싶다

사랑은 구름같은 것

그대
내게 먹구름으로 오던 날
하얀 뭉게구름 사라지고
상처난 가슴으로
내게 오던 날

내 사랑은
눈물 흘리며 울고 말았네

사랑은
덧없이 부질없는 것

흰구름 피던 날
내 사랑은 기쁨의 환희
세월은 덧없는 것

이제
먹구름 오고 있으니
덧없는 내 사랑
울지 말아요 제발

가을밤

멀리서 속삭이듯
풀벌레 소곤거리고
오색 나뭇잎이
바람 따라 내려오는 밤
내려오는 나뭇잎에
그리움이
사랑이

별이 되어 내려오는 밤
더 많이 사랑하고
더 많이 그리워하고
아름다운 가을밤에
그대 그리는
꿈을 그린다

내 마음

참
묘한 것

주고 싶은데
줄 수 없는 것

주고 싶지 않은데
나도 모르게 가는 것

줄 수 없어 안타까운 것

때로는
주고 나서 후회 하는 것

내가 주었지만
가져 올 수 없는 것

내 것인데
내 맘대로 안 되는 것

빼앗기고 싶지 않은데

나도 몰래 빼앗기는 것

어쩌면

내 것인데
내 것이 아닌 것

얼굴

창밖
파란 하늘
가득한 흰구름
너무 고와
잠시 눈을 감는다
눈 속에
하얀 구름 속에
그리운 얼굴
얼굴
얼굴들
눈 떠보니
어느새 사라진 흰구름
내 눈 속에는
아직도
그리움이 가득한데
그리운 얼굴만 남는다

친구

어제 만나고
지금 보아도
보고 싶은 너
한 달 만에 만나도
어제 본 듯한 너
일 년 만에 보아도
어제 본 듯한 너
아무리 오래보지 않아도
늘
곁에 있는 너
언제나 내 곁에
내 가슴에 있는 너
나는 네가 좋다
그냥 좋다

내
친구야~

강 건너 불빛

그리움을 간직한 채
오늘도
강가를 비추는 빛
누구를 기다리나
누구를 찾는건가
누구 발걸음을 비추는가

사무치는 마음은
강 속에 잠기고
애타는 마음은
강가를 맴도는데

그대
언제나
불빛 보고 오실지
오늘도
강 건너 언덕에는
불빛만

겨울비

떠난 그대
아직 멀리 가지 못하고
머뭇거리는 건가
그대
돌아서는 뒷모습
가슴에 아리는데
겨울비 내려
내 가슴 적시면
찬바람 불어와 흩날리는 비
네 모습
이제
보낸다
내 마음에서
내 생각에서
그대를…

미련

망설이다가
아무 말도 못하고
그냥 떠나보내고
바보가 되어 울고 있네
잊을 수 있을거야
잊어야지
다짐하고
또 다짐하고

세월은 소리 없이 흘렀건만
금방이라도 웃으며
다가올 것 같은 그대
그때 그대와 행복했던
그때

그러나
너무 멀리 있는 그대
겨울 지나면
새순 돋는데
그대
그리워함은

내 미련인가

맨발

가벼운 마음으로
어디든 가고 싶다
모두 벗어 버리고

빈 몸
맨발로
세상 껍질 벗고
비록
초라할지라도
빈 몸으로
맨발로

어느 가을

올 가을에는
황국이 지천 이다
꽃잎마다 달빛 받아 반짝인다
꽃잎
꽃잎마다 그대 모습
작은 꽃잎에 새겨진 모습
아름다운 그대 모습
그리움이 꽃잎에
내려와 앉는다
황국 핀 하늘머리에는
황국 닮은 달
내 맘에 들어온다
그대
달빛
나
하나된다
사랑이
그리움이
가득한 꽃밭

꽃

너를 보듯 꽃을 본다
꽃을 보듯 너를 본다
입가에 번지는 미소
설레는 가슴
세상 근심 잊고
하염없이 바라본다
들이면 어떠랴
산이면 어떠랴
어디든 곱게 피어나
너를 그리게 한다
세상 어디에도 피는 꽃
내 마음에도 피는 꽃
나는
오늘도
너를 보듯 꽃을 본다

낮에 나온 반달

나를
떠나던 날 그대
다시 올 거라고
약속했었지
그대
오지 않고
하염없이 기다리다
하얗게 타버린
내 모습

그대
그리움으로
가슴 저려 오는데
이제 해는 지고
새들도
집을 찾아 나서는데

그대
그리움만 깊어가네

그대

하늘가에서
속삭이던 그대
그대는 어디가고
빈 하늘만
텅 빈 하늘
텅 빈 가슴
울리며 다가오는 공허함
어느새
어두워지는 하늘
그대
떠난 자리
빈 하늘
빈자리
빈 가슴
떨어지는 빗방울
그대 눈물이던가

제2부

흐르는 세월

들꽃

어디가 내 집인가
어디에 살 것인가
어떻게 살 것인가
어떤 모습인가
어디든
어떠하든
찾아주는 이 없어도
보아주는 이 없어도
있는 곳
그곳에서
홀로 피었다
홀로 지는
나는 들꽃

가을 이슬

뿌연 안개 속에
아침해는 떠오르고
그 빛 받아 반짝이는 이슬
솔잎에
감잎에
잔풀 위에
순간 반짝이다
사라질지라도
순간은 소중한 것
빛을 이기는 이슬은 없으리라
그러나
이슬은 이슬로
빛나는 것을
순간에 사라진들 어떠하랴
삶은
순간인 것을
순간은
영원인 것을

바람에게

어디서 왔는지
어디로 가는지
나도
너를 따라가고 싶다
어디에도 머무르지 않고
누구에게도 집착하지 않고
막히는 곳 없이
흐르고
스치고
자유롭게

때로는 요란하게
때로는 고요하게
때로는 사뿐하게

마음이 가는 곳
발길이 가는 곳
그렇게
그렇게
어디든지……
자유롭게……

갈대

흔들리지 않는 것이
어디 있으랴
흔들리고 싶지 않다
바람 불어 흔드는 것은
세상이어라

젖지 않는 것이
어디 있으랴
젖고 싶지 않다
비 내려 젖게 하는 것은
세상이어라

살아있는 모든 것은
흔들리며
젖으며
어제도
오늘도
내일도……
갈대처럼

빈 가슴

울자
마음이 아플 때
가슴이 터질 듯 할 때
목이 터지도록
머물러 있는
가득찬 물방울들
물방울
물방울
소나기 되어
쏟아지듯
모든 것 내려놓고
울자
울자
목청껏

동생을 보내며

엊그제
나는 죽음을 보았네
양손을 싸고
양발을 싸고
얼굴을 덮고
아주 얇은 종이 한 장
이길 힘이 없어
그렇게
그렇게
덩그러니 누워있는가
베보자기로 싸고
싸고 또 싸고
베보자기로 묶고
묶고 또 묶고
이제는 일어나시마라
이대로 자연으로 가거라
관 뚜껑을 닫고
못질을 탕탕
밧줄로 꽁꽁
묶고
또 묶고 또 묶고

인생사 무엇인가
삶이 곧 죽음이 아니던가
울지 마라
웃지 마라
내일의 내 모습이리라
엊그제
난
죽음을 보았네

바람

바람처럼 살아요
우리
누구든 안고
누구든 사랑하고
때로는 따스하게
때로는 모질게
때로는 시원하게
때로는 거칠게
그렇게
그렇게
살아요 우리
소유하지 않고
머무르지 않고
자유롭게
가볍게
나는 나처럼
나답게
당신은 당신처럼
당신답게

흐르는 세월

예전에는
시간이 흘러
세월이 흘러
나이 들고
나이 먹는 줄 알았다

시간이 흐르는 게 아니고
세월이 흐르는 게 아니고
시간은
세월은
그 자리
그대로인데
내가
흘러
지금
여기
시간 속에
세월 속에
홀로선 나

이별

무작정
그대를 사랑하고서
이별 문턱에서
내 마음 가득했던
그대를
내려놓는다
그대 떠난
빈 가슴
내 마음은 그대 것이었는데
그대 떠난 뒤
소리 내어 나뭇가지를
흔들어대는
겨울 찬바람처럼
이별은
늘
서툴고 어색하다
미안하고
고맙고
사랑보다
이별이
더 어렵다

망각

잊혀지는 게
두려워
내가 먼저
그대를
잊기로 했다오
떨어진 거리만큼
마음도
멀어지는가
잊혀지는 아픔보다
잊어가는 아픔을
그래도
그대
그리운 것은
그리운 대로 두고
내 속에
남아있는 그대
잊혀질 때
잊혀지더라도
그대를
사랑했다오

언덕에서

산등성이 홀로 선 나무 한그루
이 세상
혼자인 듯한 나
너를 보며 나를 본다
모두 곁을 떠나 홀로 남아도
나는
너를 보며 나를 본다
홀로
새싹 나오고
꽃 피우고
열매 맺고
그렇게 그렇게
어제처럼 오늘을 산다
그리고
내일도 산다
산등성이 홀로선 나무 한그루
너를 보며 나를 본다

혼자만의 그리움

내 가슴 속 깊은 곳에
언제부턴가
그대가 있었지
언제 들어 왔을까
어디에서 왔을까
어떻게 왔을까
나도 모르는 내속의 그대
그대는 내 그리움
어쩌면
나 혼자만의 그리움
그대는 이미 나를 잊었을지
그리움은
짝사랑의 그림자
그리움 속 그대
내 가슴 속에 떠나지 않는 그대
혼자만의 그리움
짝사랑도 사랑인가

인생

세상을 붙잡고
그렇게 그렇게 살아온 날들
어차피
빈손 여행인 것을
손은 두개인데
손이 부족해서 가질 수 없는 것을
양손 가득 세상을 붙잡고
무엇을 잊지 못해 망설이는가
어차피 빈손으로 가야하는 길
가슴 떨리는 사랑
서러웠던 세월
사랑으로 흘린 눈물
안타까운 너
잊어야하는 나
살아간다는 것
그리움과 망각이 오고가는 것
때를 따라 오는 세월
때를 따라 가는 세월
쉬지 않고 흐르는 세월 속에서
그 속에 내 인생도 흐르고
그대 인생도 흐르고
우리의 삶이 흐르는 것을

저녁노을

인생길 굽이굽이
견디며 살아온 세월
살면서
아프고 행복했던 날들
중년의 고개를 넘는다
한낮의 뜨겁고 치열한
순간들을 지나
이제 아름다운 노을이 되어
또 다른 나를 본다
저녁노을이
저렇게 아름다운 것은
젊은 날의 치열하고
열정적인 삶이 있었기에
노년의 쉼이 아닐까
조물주의 위대하고 아름다운
삶에 위로인가
아름다운 노을처럼
아름답게 노년을
아름답게 삶을
마무리 하고 싶다

사는 것

재촉하지 않아도 가는 게 시간이고
기다리지 않아도 오는 게 세월인데
천천히 온다고
나무랄 사람도 있겠지
빨리 간다고
불평할 사람도 있겠지

그냥
그렇게
흐르는 데로
바람이 가는 길도 물어보고
구름이 흐르는 사연도 알아보고
새싹이 돋아나는 이야기도 들어보고
비 내리면 빗방울도 세어보고
시냇물 조잘거림에 귀 기울이고
눈 내리면 눈길도 걸어보고
계절이 주는 행복에 감사하고
남의 탓보다
나를 먼저 돌아보고
내 옷깃 먼저 여미고
낮아지면

더 많은 것을
느낄 수 있고
더 많은 것을 볼 수 있고
낮아진 만큼
행복할 수 있음을

양손 가득 쥔 게 많아
잡을 수 없는 진정한 것들
빈손일 때
더 크고
더 진정한 행복이었음을
낮아짐에
비움에
진리를

오월에 내리는 비

오월 어느 날
비가 내린다
봄을 지나서
여름으로 가는 길목
창밖에 소리없이
내리는 비
빗방울
넝쿨장미 위에도
그 옆 벤치 위에도
내려오는 빗방울
어디에도 내려오는 빗방울
지난겨울
떠난 네가 몹시 그립다
그곳은 어떤지
잘 지내고 있는지
그립고 보고 싶다
그리고
다시 올 수없는 너
내가 가야지
빗방울처럼
내가 가야지
내가 가야지

청춘

엊그제
청춘이었는데
청춘일 때
청춘인줄
몰랐네
청춘지나
이제서야
그때가
청춘인걸 알았네

청춘
바람 곁에
구름 곁에
덧없이
흘러가는 것

거미줄

그곳에
네가 있는 줄
몰랐지
어쩌다
오다가다
걸려서
꼼짝 못하네

소나기

언덕에 오르면
떠오르는
그대 모습
흰구름 속에서
미소짓네

소나기 내려 적시면
어느새
사라진 그대

사랑은
소나기
불현듯 찾아와
어느새 사라지는
소나기처럼

가을엽서

바람에 실어 보낼까요
낙엽에 실어 보낼까요
그대 향한 내 사랑을
고은 햇살 내려앉은
공원 벤치에 앉아서
그대에게 엽서를 씁니다
아직도 보내지 못한 내 사랑
아직도 전하지 못한 내 마음
오늘은 보내겠습니다
그대여
그대 향한 그리움은
깊어가는 데
찬바람 불어오는 이 가을에
따뜻한 마음 담아
그대에게 보냅니다
바람에 담아
햇살에 담아
낙엽에 담아

제3부

바다의 말
파도의 말

윤슬*

그대 평화가 오는가
그대 사랑이 오는가
그대 행복이 오는가
내게
말없이 잔잔한 미소 지으며
현란하지 않고
초라하지 않고
우아하게 소박하게
내게 와준 그대
떨리는 내 가슴
그대 향한 내 마음은 그대 것인데
내 사랑 그대
그대는 내 사랑
고은 햇살 고운 달빛이
그대를 만나
사랑 속에 빠져들어
금물결 은물결
그 속에 그대, 나
그 속에
사랑이

*윤슬: 햇빛이나 달빛에 비치어 반짝이는 잔물결.

그대바다

내 바다에는
늘
그대가 있다.
그대가 그리우면
그 바다에 간다
그곳에 그대가 있다
그리운 그대
그리운 바다
그대 바다에 안겨
그대를 느낀다
바다에는 거울이 있다
그대를 비추고
나를 비추고
바다에는 속삭임이 있다
사랑해
그리고 사랑해
바다에는
그대와 나
어제
그리고 오늘
내일이 있다.

파도의 말

사랑해
사랑해
난
널
사랑해
바람 부는 날도
비 오는 날도
눈보라치는 날도
어제도
오늘도
내일도
난
널
사랑해

오동도

오동잎을 닮은 오동도
오동나무 오동잎 오동도
내 어린시절의 보물
언제나 말없이 그 자리에서
잔잔한 미소 지으며 반겨주는 너
삶이 버거워질 때면
언제나 찾아가는
아늑하고 따뜻한
내 고향의 품

이 세상 누구보다
나를 사랑하는 너
그 진실한 사랑으로
풍요롭게 행복하여라

내 사랑 오동도
멀리 떠나 있어도
언제나 내 가슴 깊은 곳에
남아있는 너

사계절이 아름다운 오동도

동백의 고향
내 고향

파도 위에 쓴 글

얼마나 기다렸는데
얼마나 그리워했는데
그
긴 날을
그대 그리움에

어디나 있는 그대
어디든 있는 그대
내 마음이 가는 곳
그곳에는
그대도 가는 것을

하고 싶은 말
들려주고 싶은 말
이제는
밀려오는 파도 위에 쓴다.
사랑의 또 다른 말
그리움
그리움

회색 바다에서

어느새
내려와
바다에 앉았는지
하늘색을 닮은 바다
바다가 네 빛을 담아
하늘이
바다가
한 몸이 되었네

어느새
올라가
하늘에 닿았는지
바다색을 닮은 하늘
하늘이 네 빛을 닮아
바다가
하늘이
한 몸이 되었네

회색 구름 가득한
회색 바다에서

바다에 비가 내린 날

그대 그리워
그 바다에 찾아 왔는데
그대 떠난 그날처럼 비가 내린다.
그대 눈물인가
내 눈물인가
하염없이 흘러내리는 빗물
하늘이 바다에 흘리는 건가
바다가 하늘에 흘리는 건가
그대가 흘리는 건가
내가 흘리는 건가
눈물은 눈물이 되어 흘러내린다.
그대 향한 내 사랑
눈물이 되어 흘러내린다
어찌 사랑은 이리 어려운가
바다 저 건너 그대도
나를 그리워하는지
그리운 그대
그대 떠난 바다에는
비가 내린다
그리움도 함께 내린다

내 바다

저기 저
바다에는 그가 살고 있다
내 그리움을 가득 담은
그가 살고 있다
언제나
가득한 그리움으로
나는 날마다
나는 오늘도
그 바다를 그린다
가슴속에 가득한 내 바다
그리운 그 바다
설움과 그리움이 가득한 저 바다
그 속에 그가 살고 있다
그 속에 그 모습이 있다
내 바다에는
늘
그가 살고 있다

동백꽃 사랑

그대를 그리워하는 것은
어쩌면
내 운명인가
그리움에 지쳐도
다가갈 수 없는 나

그대는 아시는지
내 그리움

가슴속 붉은 꽃잎
그대 향한 애절한 내 몸짓
손 내밀어도 잡히지 않는 그대

그대 동백
오늘도 붉은 눈물 흘리며
뚝뚝뚝
떨어지는데

하얀 눈 내려 그대 덮으면
동백의 꿈은 깊어가는가
동백은 또 하나의 사랑을 꿈꾸는가

동백은
동백은
나를 기억할 수 있을까
내 사랑을 잊지는 않았을까
사랑은 아름답지만 서러운 것

동백꽃 사랑
내 사랑

고향바다

채울 수 없는 마음
폭풍처럼 밀려오는 그리움
눈 감으면
서서히 다가오는 너
그리운 가슴으로 그려보는 너
홀로 걸으면 늘 속삭이던 너
아직도
내 귓가에 네 음성이 생생한데
아무리 멀리 있다 해도
잊을 수 없는 너
잠 못 드는 이 밤
너를 향한 내 마음
그리움도
외로움도
쓸쓸함도
네 품속에 있는 것을

검은 모래사장
－만성리 해변

눈 부시게 반짝이는
검은 진주 알들
저
멀리 황금빛 설레임
살포시 입 맞추는 노을빛
그대와 손잡고
걸었던 흑진주 모래밭
설레이던 가슴
그대를 향한 그리움이
진주알에
알알이
박혀 오는데
그대 다시 오려나
그대
그리며 찾아온 해변
만성리 해변

고향바다 까치놀*

붉은 동백이
석양을 담아 잠시 쉬어가는 곳
잔물결 위에
퍼져 나가는 그대 향기
내 가슴에 남아
떠오르는 그대 모습
그대 황홀한 입맞춤
그대 설레는 그리움
그대 아련했던 추억
그대 그리워
그리워
그리워

저
멀리
지는 해 받아
반짝이는 그대
설레는 가슴 가슴
잊을 수 없는 그대 모습
눈 감으면 떠올라
두 손 가득 담아본다

그대 마음
내 마음

*까치놀: 바다의 수평선에서 석양을 받아 번득거리는 빛.

섶섬에서
－제주도

너무 그리워 널 찾아 왔는데
변해버린 너를 보며
가슴 아파온다

저기 보이는 저기에
손을 뻗으면 닿을 수 있는 곳
그곳에
그러나 마음은 너무 멀다

그리움은 얼마나
더 기다려야 하는지
소리쳐 울어대는 너
다가가지 못하는 나

이제
우리 인연 여기까지 인가
아쉬움이 성난 파도처럼 밀려온다
파도야
바람아

그래도 그리움은 마음속에 가득하고

그래도 사랑은 가슴 속에 남는다
언젠가는 미소 지을 너를 상상해본다

내가 해야 할 사랑
네가 해야 할 사랑
그건
다 내 사랑이지

내 고향

밝은 햇살 담은 동백이
함박 웃어주는 곳
하얀 파도 입맞춤으로
나를 반기는 곳
검은 모래
흰 물결
그 속에 그대 있는 곳
언제나
어느 때나
아름답고 정겨운 그리움 가득한 곳
그대
내 고향 여수
삶에 지칠 때마다
아늑하고 잔잔한
그대 품에 안긴다.
그곳에는 아름다운
윤슬이 있고
가슴 설레는
까치놀이 있는 곳
그리운 그대
그 속에 내가 있음은
사랑이어라.

제4부

홀로 외로움

사랑

잊혀진다는 것은
사랑의 한 구석인가
그대에게
잊혀진다는 것
그대를
더
그리워 한다는 것
사랑도
삶의 부분인 것을
망각도
삶의 부분인 것을
그대에게
잊혀지더라도
나는
그대를 잊지 못하리
지금도
사랑하고 있기에

짝사랑

그대는
내가 싫고
그대는
나를 싫어하고
그대는
어제도 싫고
그대는
오늘도 싫고
그래도
나는
그대가 좋다
그대와 나에게는
내일이 있으니까

들장미 사랑

붉은 들장미
언덕을 타고 오르면
파란 하늘 마중 나와
손
내밀어 구름 위에 오르네
만남은 운명인 것을
나
그대를
그리워함은 사랑이어라
사랑은 뭉쳤다 흩어지는 구름처럼
덧없는 것
소나기 내려
붉은 잎 날리는
들장미처럼
내 사랑 그대는
바람에
소나기에
흩어지는 꽃잎이어라

혼자만의 사랑

당신
그리움은 어디까지인가
언제 시작된 그리움인가
언제 끝나는 그리움인가
시작도
끝도 모르는 그리움

아프고
서러운
그대를 향한 그리움
날이 갈수록
커져가는 그리움

그리워
그리워

잠 못 드는 밤
내 그리움에
풀벌레 울며 위로하는 밤

그리운 밤
그리운 밤

소나기

가슴 속 깊은 곳에
잠겨있는 그리움
어제나
오늘이나
꾹꾹 눌러 견뎌왔는데
터지고 마는 울음
터지고 마는 절규
무엇으로 채울까
무엇으로 가릴까
무엇으로 대신할까

오직 그대
그대만이
내 그리움
내 설움
내 절규
소나기처럼 내리는

그대 향한 그리움

만남과 이별

무슨 말을 어떻게 해야 할지
나를 떠나겠다고
잡고 싶은 마음 가득하지만
난
널 보낸다

어쩌면 많이 후회하겠지
그리워서 밤잠을 설칠지도 모르지
너를 생각하며 방황할지라도
난
너를 붙잡지 않고 보낸다

사랑하기에 떠나보낸다는
말의 모순을 생각하면서
난
널 보낸다

이제는 너를
내 마음에서 내려놓는다
이별은 만남보다 더 어렵다
서툴고 어색하고

세월이 지나서
보고파 몸부림칠지라도
가슴 속에 너를 묻으며
마지막으로 입속에 맴돌던 말
잘 가시게
잘 가시게

잠 못 드는 밤

별도 달도 없는 밤
내 마음 같은 까만 밤
어둠 속에서도
떠오르는 그대 모습
텅 빈 가슴은
그대를 그리며
그대를 향하는데
어둠이 가득한 이 밤
잠 못 드는 이 밤
그대
몹시 그립습니다.
눈을 감아도
어둠이 깊어도
환하게 웃으며 다가오는 그대
가슴에 담는다
그대를…….

어떤 그리움

누구나 가슴 속에
그리움 하나쯤은 품고 산다

그때가 그리운 건가
그대가 그리운 건가

멀어져 가는 날들을 회상하며
홀로 그리움에 잠긴다

그 시절
그때
그 그리움에 아픈 날

그리움은 그리움으로
나 혼자만의 그리움

언제부턴가
내 가슴에 들어온 그리움

그리움 속 그대
그리움 속 그때

그리움이 그리움에게

그대 그리움이
내게와
내 그리움을 덮어
그대를 잊지 못하고
가슴 속에 맴도는 그대
그대는
내 그리움 시작
내 그리움 끝
어차피
삶은 그리움인 것을
살아 있음은
그리움이 있는 것
그리운 그대
사랑해요
오늘도
내일도

그리움

산머리에
걸린 구름
잔뜩 머금은 눈물방울
그리움으로
내 가슴은 터지는데
내 맘
그대를 향한 그리움이
하도 커서 울보가 되었네
누가 말했던가

사랑은
그리움이라고

연잎 사랑

그대
넓은 품
하늘을 향한 고운 몸짓
작은 물방울
그대 품에 안기면
하늘빛 보석

소나기 내려
그대 적시면
세상은 온통 금방울 은방울
겹겹이 아름다운 꿈

잠자리 한 마리
그대 품에 안기면
가을빛 찾아오고

계절은 말없이 흐르는데
그대는
사랑이어라
그대
비록 진흙 속에서 태어났어도

그대는
세상의 희망이어라

그대 꿈
내 꿈이어라

새벽안개

진한
그리움이
내려와 덮는다
그리움 속에

사랑했기에
그리움으로
피어나는 새벽안개

소금

얼마나
견디고
참고
이겨 냈는지

남을 위해
한 순간을 위해
녹이는

자신을
죽이고
녹이고
사라지는 너

새벽 비

지난 밤
떠나간 그대를
못내
아쉬워하며
차마 흐르는 눈물
감추지 못하고
이렇게 흘러내리는지

아쉬운 이별은
가슴을 울리고
또
하늘도 우는 것을
이른 새벽
창밖을 때리는 빗방울
내 마음 같은데
그대는 아는지

제5부

사랑이라는 이름 그대

어머니 꽃

어머니가 좋아하시던
봉숭아 꽃씨를
다시 봄이 와서 뿌립니다
어머니 마음을 뿌립니다
내 마음도 뿌립니다

7월 어느 날
어머니 모습처럼
봉숭아꽃이 피었습니다
붉은색
분홍색
하얀색

그 꽃을 따며
어머니
당신이 그립습니다
어머니 손톱까지
다섯 개
또 다섯 개
손톱에 봉숭아꽃이 피었습니다
어머니가 내 가슴으로 오십니다

문풍지

찬바람 불어와
문틈에 문풍지를 바른다
예전에
아버지가 바르시던
문풍지를

그리움이 차곡차곡
문풍지에 쌓인다
이 한겨울
너로 인해 따스함을
너로 인해 그리움을
너로 인해 추억을

문풍지 속에
따스함이
그리움이
추억이
아버지
당신이 몹시 그립습니다

두루마기

시집 올 때
어머니가 해주시던 두루마기
오늘
입으며 어머니
당신이
몹시 그립습니다
나
이제
그때 어머니 당신나이
당신의 심정이 이러했을까
사랑하는 내 딸
겨울에 춥지 않게
장만해주신 어머니
따뜻한 어머니 품속
찬바람에 감싸 안아주신 듯
가슴 속까지
퍼지는 어머니 체온
그립습니다
보고 싶습니다
어머니

세월 가는 줄 몰랐네

세월 가는 줄 몰랐네
어느 날
거울 속에 중년의 여인
나를 보고 미소짓네
아-
그 여인
오래전 내 어머니
당신 모습이 아니던가
그렇게
그렇게
어머니
당신을 닮아가고 있음을
어머니
당신이 몹시 그립습니다
너무 늦은 고백
사랑합니다
사랑했었습니다
내. 어머니

꽃신

설레는 마음으로
그대를 만나러 가는 날

언제
신었던가
그대 마음
내 마음

하늘을 날아서
구름 속에 안겨서
꽃이 아름다운 길
꽃신을 신고 걷는다
꽃신을 신고 날아오른다

하늘 저편
그대가 기다리는 곳

꽃신 신고
어서어서 가야지

정오의 데이트

나보다
나를 먼저 찾은 그대
나보다
나를 더 잘 아는 그대
나보다
나를 더 아끼는 그대
나보다
나를 더 걱정하는 그대

나는 부정하고
나는 부족하고
나는 어리석고
나는 교만하고
나는 쓸데없는데

그대 사랑을
그대 헌신을
그대 마음을

그대는 나의 전부인 것을

영원한 생수
영원한 샘물
영원한 사랑

나 그대를
사랑합니다
아주 많이 사랑합니다

러브레터

사랑하는 그대여
그대가 얼마나 그리운지요
눈을 감아도
꿈속에서도
온통 그대 모습

창밖에 장미보다
가을 들국화보다
겨울 눈송이보다
더 아름답고 고운 그대

그대를 사랑합니다
그대를 사랑할 수 있음이 행복합니다
사랑하는 그대여
오늘도
내일도
영원히 사랑합니다.
오직
그대를

고백

오른쪽
왼쪽
위
아래
거친 가시 잘라내시며
얼마나 마음이 아프셨을까
넘어지면 일으켜 세우시고
게으름 피우면 격려해 주시고
너무 빨리 가면 걸음을 멈추게 하시고
잘난 척 할 때는 조용히 말씀하시고
낙심되어 주저앉아 있을 때는 손 내밀어 잡아주시고
아플 때 슬플 때 찾아와 기도해 주시고
기뻐서 행복해 하면 함께 박수쳐 주시고
나는 절대 너를 버리지 않으리라
나는 늘 너와 함께 하리라
약속하신 분
그래요
그것은 아버지
당신의 사랑임을 고백합니다
감사합니다
사랑합니다
내 아버지.

바보같은 사랑

왜 그랬을까
왜 그리하셨을까
주면 받고 싶고
내가 주는 만큼보다
더 받고 싶고
나는 하나 주면 둘, 셋 받고 싶고
마음속에는 주는 것보다
받을 것을 먼저 챙기는데

왜 그리 하셨을까
아무 계산하지 낳고
아무 조건없이
어리석은 사랑
바보같은 사랑
바보사랑

왜
주기만 하는건지
자신의 목숨까지
정말 이해할 수없는 바보 사랑

그 사랑이 나를 살게 하네
그 사랑이 나를 울게 하네
그 사랑이 나를 견디게 하네
그 사랑이 나를 행복하게 하네

그 사랑
예전에는 몰랐네
아무 이유 없이
아무 조건 없이
값없이 주는 사랑

사랑의 능력
사랑의 생명
사랑의 완성

등대교회

아름답고 아담한 하나님의 집
그곳에는 하나님의 사람 목사님이 계시네
아름다운 목사님을 닮은 아름다운 교회
아름다운 마음
아름다운 생각
아름다운 믿음

평생을 하나님을 사랑하며
이웃과 자손의 신앙을 위해
기도하며 애쓰는 목사님

인생사 지친 불쌍한 영혼 위해
두 손 잡고 기도하고
함께 울고 함께 아파하고
진정한 하나님나라
진정한 하나님 사랑을
몸으로 삶으로
실천 하는 목사님

어쩌면
그의 삶 자체가

그의 신앙고백

진정한 사랑은
진정한 전도는
진정한 교육은
삶에서 이루어지는 것

삶속에서
하나님 사랑 이웃 사랑
실천 하시는 목사님
험하고 어두운 세상 지나
하늘나라 가는 길 비춰주는
밝은 빛 환한 빛
등대교회
등대교회 목사님

| 맺는 말 |

시를 쓰는 시간은
나를 만나는 시간

시를 쓰는 시간은
그대를 만나는 시간

시를 쓰는 시간은
모든 것을 치유하는 시간

시를 쓰는 시간은
행복 속에 빠지는 시간

시를 쓰는 시간은
어제를
오늘을
내일을
그리고
나를 찾는 시간

김정숙 시집

내가 주었지만
가져 올 수 없는 것

초판 인쇄 2023년 6월 15일
초판 발행 2023년 6월 20일

지은이 김정숙
펴낸이 강신용
펴낸곳 문경출판사
주 소 34623 대전광역시 동구 태전로 70-9 (삼성동)
전 화 (042) 221-9668~9, 254-9668
팩 스 (042) 256-6096
E-mail mun9668@hanmail.net
등록번호 제 사 113

ⓒ 김정숙, 2023

ISBN 978-89-7846-817-6 03810

값 12,000원

* 무단 복제 복사를 금함
* 잘못된 책은 교환해드립니다.